LA
RÉUNION
Y 5835
c

DES

AMOURS.

COMEDIE HEROIQUE.

ç. g 9bre 1731.

Le prix est de seize sols.

Marivaux

A PARIS;

Chez CHAUBERT, à l'entrée du Quai des
Augustins, du côté du Pont S. Michel, à la
Renommée & à la Prudence.

M. DCC. XXXII.

ACTEURS.

L'AMOUR.

CUPIDON.

MERCURE.

PLUTUS.

APOLLON.

LA VERITE.

MINERVE.

LA VERTU.

LA RÉUNION

DES

AMOURS.

COMEDIE HEROIQUE.

SCENE PREMIERE.

L'AMOUR, *qui entre d'un côté.*
CUPIDON, *de l'autre.*

CUPIDON, *à part.*

QUE vois-je ? Qui eſt-ce qui a l'audace de porter comme moi un carquois, & des fléches ?

L'AMOUR, *à part.*

N'eſt-ce pas là Cupidon, cet uſurpateur de mon empire ?

CUPIDON, *à part.*

Ne feroit-ce pas cet Amour Gaulois, ce Dieu de la fade tendreffe qui fort de la retraite obfcure où ma victoire l'a condamné?

L'AMOUR, *à part.*

Qu'il eft laid! qu'il a l'air débauché!

CUPIDON, *à part.*

Vit-on jamais de figure plus fotte? fçachons un peu ce que vient faire ici cette ridicule antiquaille. Approchons.

A l'Amour.

Soyez le bien venu, mon Ancien, le Dieu des foupirs timides, & des tendres langueurs, Je vous faluë.

L'AMOUR.

Saluez.

CUPIDON.

Le compliment eft fec; mais je vous le pardonne. Un Profcrit n'eft pas de bonne humeur.

L'AMOUR.

Un Profcrit? Vous ne devez ma retraite qu'à l'indignation qui m'a faifi, quand j'ai vû que les hommes étoient capables de vous fouffrir.

CUPIDON.

Male-peste ; que cela est beau ! C'est-à-
dire, que vous n'avez fui que parce que
vous étiez glorieux : & vous êtes un Héros
fuyard.

L'AMOUR.

Je n'ai rien à vous répondre. Allez, nous
ne sommes pas faits pour discourir ensemble.

CUPIDON.

Ne vous fâchez point, mon Confrere.
Dans le fonds je vous plains. Vous me dites
des injures : mais votre état me désarme.
Tenez, je suis le meilleur garçon du monde. Contez-moi vos chagrins. Que venez-
vous faire ici ? Est-ce que vous vous ennuyez
dans votre solitude ? Eh bien, il y a remede
à tout. Voulez-vous de l'emploi ? je vous
en donnerai. Je vous donnerai votre petite
provision de fléches ; car celles que vous
avez-là dans votre carquois, ne valent plus
rien...... Voyez-vous ce dard-là ? Voilà ce
qu'il faut. Cela entre dans le cœur ; cela le
pénétre ; cela le brûle ; cela l'embrase : Il
crie, il s'agite, il demande du secours, il ne
sçauroit attendre.

L'AMOUR.

Quelle méprisable espece de feux ?

CUPIDON.

Ils ont pourtant décrié les vôtres. Entre vous & moy, de votre tems les Amans n'étoient que des Benêts ; ils ne sçavoient que languir, que faire des helas ! & conter leurs peines aux échos d'alentour. Oh ! parbleu, ce n'est plus de même. J'ai supprimé les échos, moi. Je blesse ; ahi ! vîte au remede. On va droit à la cause du mal. Allons, dit-on, je vous aime ; voyez ce que vous pouvez faire pour moi, car le tems est cher ; il faut expedier les hommes. Mes sujets ne disent point je me meurs. Il n'y a rien de si vivant qu'eux. Langueurs, timidités, doux martyre, il n'en est plus question. Fadeur, platitude du tems passé que tout cela. Vous ne faisiez que des sots, que des imbeciles ; moi je ne fais que des gens de courage. Je ne les endors pas, je les éveille : ils sont si vifs, qu'ils n'ont pas le loisir d'être tendres ; leurs regards sont des desirs : au lieu de soupirer, ils attaquent : Ils ne demandent pas d'amour, ils le supposent. Ils ne disent point, faites-moi grace, ils la prennent. Ils ont du respect, mais ils le perdent. Et voilà celui qu'il faut. En un mot, je n'ai point d'Esclaves, je n'ai que des Soldats. Allons, determinez-vous. J'ai besoin de commis; voulez-vous être le mien ? sur le champ je vous donne de l'emploi.

L'AMOUR.

Ne rougissez - vous point du récit que vous venez de faire ? Quel oubli de la vertu !

CUPIDON.

Eh bien ? Quoi, la Vertu ? que voulez-vous dire ? Elle a sa charge, & moi la mienne; elle est faite pour regir l'Univers, & moi pour l'entretenir; Déterminez - vous, vous dis-je : Mais je ne vous prends qu'à condition que vous quitterez je ne sçai quel air de dupe que vous avez sur la physionomie. Je ne veux point de cela; allons, mon Lieutenant, alerte ; un peu de mutinerie dans les yeux ; les vôtres prêchent la resistance : Est-ce là la contenance d'un vainqueur ? Avec un amour aussi poltron que vous, il faudroit qu'un Tendron fît tous les frais de la défaite. Eh ! éviteriez-vous.... *Il tire une de ses flèches* Je suis d'avis de vous égayer le cœur d'une de mes flèches pour vous ôter cet air timide & langoureux. Garre que je vous rende aussi fol que moi.

L'AMOUR, *tirant aussi une de ses fleches.*

Et moi, si vous tirez, je vous rendrai sage.

CUPIDON.

Non pas, s'il vous plaît. J'y perdrois, & vous y gagneriez.

L'AMOUR.

Allez, petit libertin que vous êtes, votre audace ne m'offense point ; & votre empire touche peut-être à sa fin. Jupiter aujourd'hui fait assembler tous les Dieux ; il veut que chacun d'eux fasse un don au Fils d'un grand Roy qu'il aime. Je suis invité à l'Assemblée. Tremblez des suites, que peut avoir cette avanture.

SCENE II.

CUPIDON, *seul.*

COMMENT donc ? Il dit vrai. Tous les Dieux ont reçû ordre de se rendre ici ; il n'y a que moi qu'on n'a point averti, & j'ai crû que ce n'étoit qu'un oubli de la part de Mercure. Le voici qui vient ; voyons ce que cela signifie.

SCENE III.

CUPIDON, MERCURE, PLUTUS.

MERCURE.

AH ! vous voilà, Seigneur Cupidon ?
Je suis votre serviteur.

PLUTUS.

Bon-jour, mon Ami.

CUPIDON.

Bonjour, Plutus. Seigneur Mercure, il
y a aujourd'hui assemblée generale ; & c'est
vous qui avez averti tous les Dieux de la
part de Jupiter de se trouver ici.

MERCURE.

Il est vrai.

CUPIDON.

Pourquoi donc n'ai-je rien sçû de cela,
moi ? Est-ce que je ne suis pas une Divinité
assez considerable ?

A v

MERCURE.

Eh ! où vouliez-vous que je vous prisse ?
Vous êtes un coureur qu'on ne sçauroit at-
craper.

CUPIDON.

Vous biaisez, Mercure : Parlez-moi
franchement. Etois-je sur votre liste ?

MERCURE.

Ma foi non. J'avois ordre exprès de
vous oublier tout net.

CUPIDON.

Moi ? Et de qui l'aviez-vous reçû ?

MERCURE.

De Minerve, à qui Jupiter a donné la
direction de l'Assemblée.

PLUTUS.

Oh ! de Minerve, la Déesse de la Sagesse ?
Ce n'est pas là un grand malheur. Tu sçais
bien qu'elle ne nous aime pas ; mais elle a
beau faire, nous avons un peu plus de cre-
dit qu'elle : Nous rendons les gens heureux,
nous, morbleu, & elle ne les rend que rai-

fonnables ; auffi n'a-t-elle pas la preffe.

CUPIDON.

Apparemment que c'eft elle qui vous a auffi chargé du foin d'aller chercher le Dieu de la tendreffe, lui dont on ne fe reffouvenoit plus.

MERCURE.

Vous l'avez dit, & ma commiffion portoit même de lui faire de grands complimens.

CUPIDON, *riant.*

La belle Ambaffade !

PLUTUS.

Va, va, mon Ami, laiffe-le venir, ce Dieu de la tendreffe ; quand on le rétabliroit, il ne feroit pas grand befogne. On n'eft plus dans le goût de l'amoureux martyre ; On ne l'a retenu que dans les chanfons. Le métier de cruelle eft tombé ; ne t'embaraffe pas de ton Rival ; je ne veux que de l'or pour le battre, moy.

CUPIDON.

Je le croi. Mais je fuis piqué. Il me prend envie de vuider mon Carquois fu rtous les cœurs de l'Olimpe.

A vj

MERCURE.

Point d'étourderie; Jupiter est le maître? on pourroit bien vous casser, car on n'est pas trop content de vous.

CUPIDON.

Eh! de quoi peut-on se plaindre, je vous prie?

MERCURE.

Oh! de tant de choses; par exemple, il n'y a plus de tranquillité dans le mariage; vous ne sçauriez laisser la tête des maris en repos; vous mettez toujours après leurs femmes quelque Chasseur qui les attrape.

CUPIDON.

Et moi, je vous dis que mes Chasseurs ne poursuivent que ce qui se presente.

PLUTUS.

C'est-à-dire, que les femmes sont bien aises d'être couruës.

CUPIDON.

Voilà ce que c'est. La plupart sont des coquettes qui en demeurent-là, ou bien qui

ne se retirent que pour agacer, qui n'ou-
blient rien pour exciter l'envie du Chaf-
feur, qui lui difent, Mirez-moi. On les mi-
re, on les bleffe, & elles se rendent. Eft ce
ma faute? Parbleu non ; la coquetterie les
a deja bien étourdies, avant qu'on les tire.

MERCURE.

Vous direz ce qu'il vous plaira. Ce n'eft
point à moi à vous donner des leçons, mais
prenez y garde : Ce font les hommes, ce
font les femmes qui crient, qui difent que
c'eft vous qui paffez les contrats de la moi-
tié des mariages. Après cela, ce font des
vieillards que vous donnez à expedier à de
jeunes époufes, qui ne les prennent vivans,
que pour les avoir morts, & qui au détri-
ment des Heritiers, ont tout le profit des
funerailles. Ce font de vieilles femmes
dont vous vuidez le coffre pour l'achat
d'un mari faineant qu'on ne fçauroit ni tro-
quer ni revendre. Ce font des malices qui
ne finiffent point ; fans compter votre liber-
tinage : car Bacchus, dit-on, vous fait faire
tout ce qu'il veut ; Plutus avec fon or, dif-
pofe de votre carquois ; pourveu qu'il vous
donne, toute votre artillerie eft à fon fer-
vice, & cela n'eft pas joli ; ainfi tenez-vous
en repos, & changez de conduite.

CUPIDON.

Puisque vous m'exhortez à changer, vous avez donc envie de vous retirer, Seigneur Mercure?

MERCURE.

Laiſſons-là cette mauvaiſe plaiſanterie.

PLUTUS.

Quant à moi, je n'ai que faire d'être dans les caquets. Tout ce je prends de lui, je l'achete, je marchande, nous convenons, & je paye; voilà toute la fineſſe que j'y ſçache.

CUPIDON.

Celui-là eſt comique. Se plaindre de ce que j'aime la bonne chere & l'aiſance, moi qui ſuis l'Amour? A quoi donc voulez-vous que je m'occupe? A des Traités de Morale? Oubliez-vous que c'eſt moi qui met tout en mouvement, que c'eſt moi qui donne la vie, qu'il faut dans ma charge un fond inepuiſable de bonne humeur, & que je dois être à moi ſeul plus ſemillant, plus vivant que tous les Dieux enſemble?

MERCURE.

Ce ſont vos affaires; mais je penſe que voici Apollon qui vient à nous.

PLUTUS.

Adieu donc, je m'en vais. Le Dieu du bel-esprit & moi ne nous amusons pas extrêmement ensemble. Jusqu'au revoir, Cupidon.

CUPIDON.

Adieu, adieu, je vous réjoindrai.

SCENE IV.

CUPIDON, MERCURE, APOLLON.

MERCURE.

QU'Avez-vous, Seigneur Apollon ? vous avez l'air sombre.

APOLLON.

Le retour du Dieu de la tendresse me fâche. Je n'aime pas les dispositions où je vois que Minerve est pour lui. Je vous apprends qu'elle va bien-tôt l'amener ici, Cupido.

CUPIDON.

Et que veut-elle en faire ?

APOLLON.

Vous entendre raisonner tous les deux sur la nature de vos feux, pour juger lequel de vos Dons on doit préferer dans cette occasion ici : & c'est de quoi même je suis chargé de vous informer.

CUPIDON.

Tant mieux, morbleu, tant mieux; cela me divertira. Allez, il n'y a rien à craindre; mon Confrere ne plaide pas mieux qu'il blesse.

MERCURE.

Croyez-moi pourtant, allez-vous préparer pendant quelques momens.

CUPIDON.

C'est parbleu bien dit ; Je vais me recueillir chez Bacchus ; il y a du vin de Champagne, qui est d'une éloquence admirable; j'y trouverai mon Plaidoyer tout fait. Adieu, mes Amis; tenez-moi des lauriers tout prêts.

SCENE V.

MERCURE, APOLLON.

APOLLON.

IL a beau dire ; le vent du Bureau n'eſt pas pour lui, & je me defie du ſuccés.

MERCURE.

Eh ! bien que vous importe à vous ? Quand ſon rival reviendroit à la mode, vous n'en inſpirerez pas moins ceux qui chanteront leurs maîtreſſes.

APOLLON.

Eh ! morbleu, cela eſt bien different ; les chanſons ne ſeront plus ſi jolies. On ne chantera plus que des ſentimens. Cela eſt bien plat.

MERCURE.

Bien plat ! que voulez-vous donc qu'on chante ?

APOLLON.

Ce que je veux ? Eſt-ce qu'il faut un

commentaire à Mercure ? Une careſſe, uné vivacité , un tranſport , quelque petite action.

MERCURE.

Ah ! vous avez raiſon , je n'y ſongeois pas ; cela fait un ſujet bien plus piquant , plus animé.

APOLLON.

Sans comparaiſon , & un ſujet bien plus à la portée d'être ſenti. Tout le monde eſt au fait d'une action.

MERCURE.

Oüi , tout le monde geſticule.

APOLLON.

Et tout le monde ne ſent pas. Il y a des cœurs materiels qui n'entendent un ſentiment, que lorſqu'il eſt mis ſur un canevas bien intelligible,

MERCURE.

On ne leur explique l'ame qu'à la faveur du corps.

APOLLON.

Vous y êtes ; & il faut avoüer que la Poëſie galante a bien plus de priſe en pateil cas. Aujourd'hui quand j'inspire un couplet de chanson, ou quelques autres vers, j'ai mes coudées franches, je suis à mon aise. C'est Philis qu'on attaque, qui combat, qui se défend mal; c'est un beau bras qu'on saisit; c'est une main qu'on adore, & qu'on baise; c'est Philis qui se fâche; on se jette à ses genoux, elle s'attendrit, elle s'appaise; un soupir lui échape. Ah! Sylvandre; Ah! Philis, levez-vous, je le veux. Quoi! cruelle, mes transports.. .... finissez. Je ne puis; laissez-moi; des regards, des ardeurs, des douceurs; cela est charmant. Sentez-vous la gayeté, la commodité de ces objets-là? J'inspire là-dessus en me joüant. Aussi n'a-t-on jamais vû tant de Poëtes.

MERCURE.

Et dont la Poësie ne vous coûte rien. Ce sont les Philis qui en font tous les frais.

APOLLON.

Sans doute. Au lieu que si la tendresse alloit être à la mode, adieu les bras, adieu les mains; les Philis n'auroient plus de tout cela.

MERCURE.

Elles n'en seroient que plus aimables, &

fans doute plus aimées. Mais laissez-moi
recevoir la Verité qui arrive.

SCENE VI.

MERCURE, APOLLON, LA VERITE'.

MERCURE.

IL eſt tems de venir, Déeſſe; l'Aſſemblée
va ſe tenir bien-tôt.

LA VERITE'.

J'arrive. Je me ſuis ſeulement amuſée
un inſtant à parler à Minerve, ſur le choix
qu'elle a fait de certains Dieux, pour la ce-
remonie dont il eſt queſtion.

APOLLON.

Peut-on vous demander de qui vous
parliez, Déeſſe?

LA VERITE'.

De qui ? De vous.

APOLLON,

Cela eſt net. Et qu'en diſiez-vous donc?

LA VERITE'.

Je difois...... Mais vous êtes bien hardi
d'interroger la Verité. Vous y tenez-vous?

APOLLON.

Je ne crains rien. Pourfuivez.

MERCURE.

Courage.

APOLLON.

Que difiez-vous de moi ?

LA VERITE'.

Du bien, & du mal ; beaucoup plus de
mal que de bien. Continuez de m'interroger. Il ne vous en coûtera pas plus de fça-
voir le refte.

APOLLON.

Eh ! quel mal y a-t-il à dire du Dieu qui
peut faire le Don de l'éloquence, & de l'a-
mour des beaux Arts?

LA VERITE'.

Oh ! vos Dons font excellens ; j'en di-

fois du bien; mais vous ne leur ressemblez
pas.

APOLLON.

Pourquoi ?

LA VERITE'.

C'est que vous flattez, que vous mentez,
& que vous êtes un corrupteur des ames
humaines.

APOLLON.

Doucement, s'il vous plaît; comme vous
y allez!

LA VERITE'.

En un mot, un vray Charlatan.

APOLLON.

Arrêtez, car je me fâcherois.

MERCURE.

Laissez-la achever; ce qu'elle dit est amu-
sant.

APOLLON.

Il ne m'amuse point du tout, moi. Qu'est-
ce que cela signifie? En quoi donc meritai-
je tous ces noms-là?

LA VERITE'.

Vous rougiſſez ; mais ce n'eſt pas de vos vices ; ce n'eſt que du reproche que je vous en fais.

MERCURE, *à Apollon.*

N'admirez-vous pas ſon diſcernement ?

APOLLON.

Déeſſe, vous me pouſſez à bout.

LA VERITE'.

Je vous définis. Vangez-vous, en vous corrigeant.

APOLLON.

Eh ! de quoi me corriger ?

LA VERITE'.

Du métier vénal & mercenaire que vous faites. Tenez, de toutes les eaux de votre Hypocrene, de votre Parnaſſe, & de votre bel-eſprit, je n'en donnerois pas un fétu ; non plus que de vos neuf Muſes, qu'on appelle les chaſtes ſœurs, & qui ne ſont que neuf vieilles friponnes que vous n'employez qu'à faire du mal. Si vous êtes le Dieu de

l'Eloquence, de la Poësie, du bel-esprit,
soutenez donc ces grands Attributs avec
quelque dignité. Car enfin, n'est-ce pas vous
qui dictez tous les éloges flatteurs qui se de-
bitent ? Vous êtes si accoutumé à mentir,
que lorsque vous loüez la vertu, vous n'avez
plus d'esprit, vous ne sçavez plus où vous
en êtes.

MERCURE.

Elle n'a pas tout le tort. J'ai remarqué
que la fiction vous reüssit mieux que le
reste.

LA VERITE'.

Je vous dis qu'il n'y a rien de si plat que
lui, quand il ne ment pas. On est toujours
mal loüé de lui, dès qu'on merite de l'être :
Mais dans le fabuleux, oh ! il triomphe. Il
vous fait un monceau de toutes les vertus,
& puis vous les jette à la tête : Tiens, prens,
enyvre-toi d'impertinences & de chimeres.

APOLLON.

Mais enfin.......

LA VERITE'.

Mais enfin, tant qu'il vous plaira. Vos
Epîtres Dedicatoires, par exemple?

MERCURE.

MERCURE.

Oh ! faites-lui grace là-dessus. On ne les lit point.

LA VERITE'.

Dans le grand nombre, il y en a quelques-unes que j'approuve. Quand j'ouvre un Livre, & que je vois le nom d'une vertueuse Personne à la tête, je m'en réjouïs ; mais j'en ouvre un autre, il s'adresse à une personne admirable ; j'en ouvre cent, j'en ouvre mille ; tout est dedié à des prodiges de vertu & de merite. Et où se tiennent donc tous ces prodiges ? Où sont-ils ? Comment se fait-il que les personnes vraïment loüables soient si rares, & que les Epîtres Dedicatoires soient si communes ? Il me les faut pourtant en nombre égal, ou bien vous n'êtes pas un Dieu d'honneur. En un mot, il y a mille Epîtres où vous vous écriez, ,, que votre modestie se rassure, Monseigneur. ,, Il me faut donc mille Monseigneurs modestes. Oh ! de bonne foi, me les fourniriez-vous ? Concluez.

APOLLON.

Mais, Mercure, approuvez-vous tout ce qu'elle me dit là.

B

MERCURE.

Moi? je ne vous trouve pas si coupable qu'elle le croit. On ne sent point qu'on est menteur, quand on a l'habitude de l'être.

APOLLON.

La réponse est consolante.

LA VERITE'.

En un mot, vous masquez tout. Et ce qu'il y a de plaisant, c'est que ceux que vous travestissez, prennent le masque que vous leur donnez pour leur visage. Je connois une très-laide femme, que vous avez appellée charmante Iris. La folle n'en veut rien rabatre. Son miroir n'y gagne rien; elle n'y voit plus qu'Iris. C'est sur ce pied-là qu'elle se montre; & la charmante Iris est une Guenon qui vous feroit peur. Je vous pardonnerois tout cela cependant, si vos flatteries n'attaquoient pas jusqu'aux Princes; mais pour cet article-là, je le trouve affreux.

MERCURE.

Malepeste! C'est l'article de tout le monde.

APOLLON.

Quoi? dire la verité aux Princes?

LA VERITE'.

Le plus grand des Mortels, c'est le Prince qui l'aime, & qui la cherche. Je mets presque à côté de lui le sujet vertueux qui ose la lui dire. Et le plus heureux de tous les peuples, est celui chez qui ce Prince & ce sujet se rencontrent ensemble.

APOLLON.

Je l'avouë, il me semble que vous avez raison.

LA VERITE'.

Au reste, Apollon, tout ce que je vous dis-là ne signifie pas que je vous craigne. Vous sçavez aujourd'hui de quel Prince il est question. Faites tout ce qu'il vous plaira, la sagesse & moi nous remplirons son ame d'un si grand amour pour les vertus, que vos flatteurs seront reduits à parler de lui, comme j'en parlerai moi-même. Adieu.

APOLLON.

C'en est fait, je me rends, Déesse, & je me racommode avec vous. Allons, je vous consacre mes veilles. Vous fournirez les actions au Prince, & je me charge du soin de les célebrer.

B ij

SCENE VII.

MERCURE, APOLLON.

MERCURE.

Seigneur Apollon, je vous félicite de vos louables dispositions. Ce que c'est que les gens d'esprit ! Tôt ou tard ils deviennent honnêtes gens.

APOLLON.

Voilà ce qui fait qu'on ne doit pas deses-perer de vous, Seigneur Mercure.

SCENE VIII.

CUPIDON, MERCURE, APOLLON.

CUPIDON.

GARE, gare, Meſſieurs; voici Minervé
qui ſe rend ici avec mon Rival.

MERCURE.

Eh bien? nous ne ſerons pas de trop; je
ſerai bien aiſe d'être preſent.

APOLLON.

Vous n'auriez pas mal fait de me com-
muniquer ce que vous avez à dire. J'auroïs
pû vous fournir quelque choſe de bon;
mais vous ne conſultez perſonne.

CUPIDON.

Mons de la Poëſie, vous me manquez
de reſpect.

APOLLON.

Pourquoi donc?

B iij

CUPIDON.

Vous croyez avoir autant d'esprit que
moi, je pense?

MERCURE, rit.

Hé, hé, hé, hé.

APOLLON.

Je sçai pourtant persuader la raison
même.

CUPIDON.

Et moi, je la fais taire. Taisez-vous
aussi.

SCENE IX.

MINERVE, L'AMOUR,
CUPIDON, MERCURE,
APOLLON.

MINERVE.

VOus sçavez, Cupidon, de quel emploi Jupiter m'a chargée. Peut-être
vous plaindrez-vous du secret que je vous
ai fait de notre assemblée : mais je croyois
vos feux trop vifs. Quoiqu'il en soit, nous
ne voulons point que le Prince ait une ame
insensible. L'un de vous deux doit avoir
quelque droit sur son cœur, mais sa raison
doit primer sur tout; & vous êtes accusé de
ne la ménager guere.

CUPIDON.

Oüi-dà, je l'étourdis quelquefois. Il y
a des momens difficiles à passer avec moi,
mais cela ne dure pas.

APOLLON.

Quand on aime, il faut bien qu'il y paroisse.
B iiij

MERCURE.

Tenez, dans la theorie, le Dieu de la tendreſſe l'emporte ; mais j'aime mieux ſa pratique, à lui.

MINERVE.

Meſſieurs, ne ſoyez que ſpectateurs.

MERCURE.

Je ne dis plus mot.

APOLLON.

Pour moi, ſerviteur au ſilence. Je ſors.

MINERVE.

Vous me faites plaiſir.

SCENE X.

MINERVE, L'AMOUR, CUPIDON, MERCURE.

MINERVE.

Allons, Cupidon, je vous écouterai, malgré les défauts qu'on vous reproche.

CUPIDON.

Mais qu'est-ce que c'est que mes défauts ? Où cela va-t-il ? On dit que je suis un peu libertin ; mais on n'a jamais dit que j'étois un benêt.

L'AMOUR.

Eh ! de qui l'a-t-on dit ?

CUPIDON.

A votre place, je ne ferois point cette question-là.

MINERVE.

Il ne s'agit point de cela. Terminons. Je ne suis venuë ici que pour vous écouter. Voyons.

B v

A l'Amour.

Vous êtes l'ancien, vous ; parlez le premier.

L'AMOUR, *toûsse & crache.*

Sage Minerve, vous, devant qui je m'estime heureux de reclamer mes droits......

CUPIDON.

Je défends les coups d'encensoir.

MINERVE.

Retranchez l'encens.

L'AMOUR.

Je croirois manquer de respect, & faire outrage à vos lumieres, si je vous soupçonnois capable d'hesiter entre lui & moi.

CUPIDON.

La Cour remarquera qu'il la flatte.

MINERVE.

A Cupidon.

Laissez-le donc dire.

CUPIDON.

Je ne parle pas. Je ne fais qu'apostiller son exorde.

L'AMOUR.

Ah! ç'en eſt trop. Votre audace m'irrite,
& me fait ſortir de la modération que je
voulois garder. Qui êtes-vous pour oſer me
diſputer quelque choſe ? Vous, qui n'avez
pour attribut que le vice, digne heritage
d'une origine auſſi impure que la vôtre ?
Divinité ſcandaleuſe, dont le culte eſt un
crime, à qui la ſeule corruption des hommes a dreſſé des Autels ? Vous, à qui les de-
voirs les plus ſacrés ſervent de victimes ?
Vous, qu'on ne peut honorer, qu'en im-
molant la vertu ? Funeſte autheur des plus
honteuſes flétriſſures des hommes, qui, pour
recompenſe à ceux qui vous ſuivent, ne
leur laiſſez que le deshonneur, le repentir,
& la miſere en partage : Oſez-vous vous
comparer à moi, au Dieu de la plus noble,
de la plus eſtimable, de la plus tendre des
paſſions, & j'oſe dire de la plus féconde en
Heros ?

CUPIDON.

Bon, des Heros ! Nous voilà bien riches !
Eſt-ce que vous croyez que la terre ne ſe
paſſera pas bien de ces Meſſieurs-là ? Allez,
ils ſont plus curieux à voir que neceſſaires :
leur gloire a trop d'attirail. Si l'on rabatoit
tous les frais qu'il en coûte pour les avoir,

B vj

on verroit qu'on les achete plus qu'ils ne valent. On est bien dupe de les admirer, puisqu'on en paye la façon. Il faut que les hommes vivent un peu plus bourgeoisement les uns avec les autres, pour être en repos. Vos Heros sortent du niveau, & ne font que du tintamarre. Poursuivez.

MINERVE.

Laissons-là les Heros. Il est beau de l'être ; mais la raison n'admire que les sages.

CUPIDON.

Oh ! de ceux-là, il n'en a jamais fait, ni moi non plus.

L'AMOUR.

De grace, écoutez-moi, Déesse. Qu'est-ce que c'étoit autrefois que l'envie de plaire ? je vous en atteste vous-même. Qu'est-ce que c'étoit que l'amour ? Je l'appellois tout-à-l'heure une passion. C'étoit une vertu ; Déesse : c'étoit du moins l'origine de toutes les vertus ensemble. La nature me presentoit des hommes grossiers, je les polissois ; des féroces, je les humanisois ; des faineans, dont je ressuscitois les talens enfoüis dans l'oisiveté & dans la paresse. Avec moi, le méchant rougissoit de l'être. L'espoir de

plaire, l'impossibilité d'y arriver autrement
que par la vertu, forçoient son ame à de-
venir estimable. De mon temps, la pudeur
étoit la plus estimable des graces.

CUPIDON.

Eh bien ! il ne faut pas faire tant de bruit ;
c'est encore de même. Je n'en connois point
de si piquante, moi, que la pudeur. Je l'a-
dore, & mes sujets aussi. Ils la trouvent si
charmante, qu'ils la poursuivent par tout où
ils la trouvent. Mais je m'appelle l'Amour ;
mon métier n'est pas d'avoir soin d'elle. Il
y a le respect, la sagesse, l'honneur, qui
sont commis à sa garde. Voilà ses Officiers ;
c'est à eux à la défendre du danger qu'elle
court ; & ce danger c'est moi. Je suis fait
pour être, ou son vainqueur, ou son vaincu.
Nous ne sçaurions vivre autrement ensemble ; & sauve qui peut. Quand je la bats,
elle me le pardonne : quand elle me bat,
je ne l'en estime pas moins, & elle ne m'en
hait pas davantage. Chaque chose a son con-
traire ; je suis le sien. C'est sur la bataille des
contraires que tout roule dans la nature.
Vous ne sçavez pas cela, vous ; vous n'êtes
point Philosophe.

L'AMOUR.

Jugez-nous, Déesse, sur ce qu'il vient

d'avoüer lui-même. N'eſt-il pas condamnable ? Quelle difference des Amans de mon-tems aux ſiens ? Que de décence dans les ſentimens des miens ! Que de dignité dans les tranſports même !

CUPIDON.

De la dignité dans l'amour ! De la décence pour la durée du monde ! Voilà des agrémens d'une grande reſſource ! Il ne ſçait plus ce qu'il dit. Minerve, toute la nature eſt intereſſée à ce que vous renvoyiez ce vieux Garçon-là. Il va l'appauvrir à un point, qu'il n'y aura plus que des deſerts. Vivra-t-elle de ſoupirs ? Il n'a que cela vaillant. Autant en emporte le vent : & rien ne reſte que des Romans de douze Tomes. Encore à la fin, n'y aura-t-il perſonne pour les lire. Prenez garde à ce que vous allez faire.

L'AMOUR.

Juſte Ciel ! faut-il ? . . . .

CUPIDON.

Bon, des apoſtrophes au Ciel ! Voilà encore de ſon jargon. Eh ! morbleu, qu'il s'en aille. Tenez, mon ami, je veux bien encore vous parler raiſon. Vous me repro-chez ma naiſſance, parce qu'elle n'eſt pas

méthodique, & qu'il y manque une petite
formalité, n'eſt-ce pas? Eh bien, mon en-
fant, c'eſt en quoi elle eſt excellente, admirable ; & vous n'y entendez rien.

MERCURE.

Ceci eſt nouveau.

CUPIDON.

Doucement. La nature avoit beſoin d'un
Amour, n'eſt-il pas vrai? Comment falloit-
il qu'il fût, à votre avis? Un conteur de
fades fornettes? Un trembleur qui a toujours
peur d'offenſer, qui n'eût fait dire aux femmes, que, ma gloire! & aux hommes, que,
vos divins appas! Non, cela ne valoit rien.
C'étoit un eſpiégle tel que moi qu'il falloit
à la nature ; un étourdi, ſans ſouci, plus vif
que délicat; qui mît toute ſa nobleſſe à tout
prendre, & à ne rien laiſſer. Et cet enfant-
là, je vous prie, y avoit-il rien de plus ſage
que de lui donner pour pere & pour mere
des parens joyeux, qui le fiſſent naître ſans
cérémonie dans le ſein de la joye. Il ne falloit que le ſens commun pour ſentir cela.
Mais, dites-vous, vous êtes le Dieu du vice?
Cela n'eſt pas vrai ; Je donne de l'amour,
voilà tout : le reſte vient du cœur des hommes. Les uns y perdent, les autres y ga-

gnent ; je ne m'en embarasse pas. J'allume
le feu ; c'est à la raison à le conduire : & je
m'en tiens à mon métier de Distributeur de
flâmes au profit de l'Univers. En voilà assez :
croyez-moi ; retirez-vous.   C'est l'avis de
Minerve.

MINERVE.

Je suspens encore mon jugement entre
vous deux. Voici la Vertu qui entre ; Je
ne prononcerai que lorsqu'elle m'aura donné son avis.

SCENE XI.

LA VERTU.

Les Acteurs précedents.

MINERVE.

VENEZ, Déesse ; nous avons besoin de
vous ici. Vous sçavez les motifs de
notre assemblée. Il s'agit à present de sça-
voir lequel de ces deux amours nous devons
retenir pour nos desseins. Je viens d'entendre leurs raisons ; mais je ne deciderai la
chose, qu'après que vous l'aurez examinée
vous-même. Que chacun d'eux vous fasse

ſa déclaration. Vous me direz après, laquelle vous aura paru du caractere le plus eſtimable ; & je jugerai par là lequel de leurs Dons peut entraîner le moins d'inconveniens dans l'ame du Prince. Adieu, je vous laiſſe ; & vous me ferez votre rapport.

SCENE XII.

L'AMOUR, CUPIDON ; MERCURE, LA VERTU.

MERCURE.

L'EXPEDIENT eſt très-bon.

CUPIDON,

Dites-moi, Déeſſe, ne vaudroit-il pas mieux que nous vous tiraſſions chacun un petit coup de dard ? Vous jugeriez mieux de ce que nous valons par nos coups.

LA VERTU.

Cela ſeroit inutile. Je ſuis invulnerable. Et d'ailleurs, je veux vous écouter de ſens froid, ſans le ſecours d'aucune impreſſion étrangere.

MERCURE.

C'est bien dit, point de prévention.

L'AMOUR.

Il est bien humiliant pour moi de me voir tant de fois reduit à lutter contre lui.

CUPIDON.

Mon ancien recule ici? Ses flâmes heroïques ont peur de mon feu bourgeois. C'est le brodequin qui épouvante le cothurne.

L'AMOUR.

Je pourrois avoir peur, si nous avions pour juge une ame commune, mais avec la Vertu je n'ai rien à craindre.

CUPIDON.

Il fait toujours des exordes. Il a pillé celui-ci dans Cleopatre.

LA VERTU.

Qu'importe? Allons, je vous entends.

MERCURE.

Le pas est reglé entre vous. C'est à l'Amour à commencer.

CUPIDON.

Sans doute. Il est la Tragedie, lui. Moi,
je ne suis que la petite Piece. Qu'il vous
glace d'abord, je vous rechaufferai après.

Mercure & la Verité sourient.

L'AMOUR.

Quoi ? met-il deja les rieurs de son côté ?

LA VERTU,

Laissez - le dire. Commencez , je vous
écoute.

MERCURE.

Motus.

L'AMOUR, *s'écarte , & fait la révé-rence en abordant la Vertu.*

Permettez-moi, Madame, de vous demander un moment d'entretien. Jusques ici
mon respect a reduit mes sentimens à se
taire.

CUPIDON, *baaille.*

Ha , ha , ha.

L'AMOUR.

Ne m'interrompez donc pas.

CUPIDON.

Je vous demande pardon ; mais je suis l'Amour : & le respect m'a toujours fait bâailler. N'y prenez pas garde.

MERCURE.

Ce début me paroît froid.

LA VERTU.

à l'Amour.
Recommencez.

L'AMOUR.

Je vous disois, Madame, que mon respect a reduit mes sentimens à se taire. Ils n'ont osé se produire que dans mes timides regards ; mais il n'est plus tems de feindre, ni de vous derober votre victime. Je sçais tout ce que je risque à vous déclarer ma flâme. Vos rigueurs vont punir mon audace. Vous allez accabler un temeraire ; Mais, Madame, au milieu du courroux qui va vous saisir, souvenez-vous du moins que ma témérité n'a jamais passé jusqu'à l'esperance ; & que ma respectueuse ardeur......

CUPIDON.

Encore du respect ! Voilà mes vapeurs qui me reprennent.

MERCURE.

Et les voilà qui me gagnent auffi, moi.

L'AMOUR.

Déeffe, rendez-moi juftice. Vous fentez bien qu'on m'arrête au milieu d'une période affez touchante, & qui avoit quelque dignité.

LA VERTU.

Voilà qui eft bien ; votre langage eft dé- cent. Il n'étourdit point la raifon. On a le tems de fe reconnoître ; & j'en rendrai bon compte.

MERCURE.

Cela fait une belle Piece d'éloquence. On diroit d'une harangue.

CUPIDON.

Oui-dà ; cette flâme, avec les rigueurs de Madame, la témérité qu'on accable à caufe de cette audace qui met en courroux, en depit de l'efperance qu'on n'a point, avec cette victime qui vient brocher fur le tout. Cela eft très-beau, très touchant affurément.

L'AMOUR, à cupidon.

Ce n'eft pas votre fentiment qu'on demande. Voulez-vous que je continuë ; Déeſſe ?

LA VERTU.

Ce n'eſt pas la peine. En voilà aſſez. Je vois bien ce que vous ſçavez faire. A vous, Cupidon.

MERCURE.

Voyons.

CUPIDON.

Non, Déeſſe adorable, ne m'expoſez point à vous dire que je vous aime. Vous regardez ceci comme une feinte ; mais vous êtes trop aimable, & mon cœur pourroit s'y méprendre. Je vous dis la verité ; ce n'eſt pas d'aujourd'hui que vous me touchez. Je me connois en charmes. Ni ſur la terre, ni dans les cieux, je ne vois rien qui ne le cede aux vôtres. Combien de fois n'ai-je pas été tenté de me jetter à vos genoux ? Quelles délices pour moi d'aimer la Vertu, ſi je pouvois être aimé d'elle ? Eh ! pourquoi ne m'aimeriez-vous pas ? Que veut dire ce penchant qui me porte à vous, s'il n'annonce pas que vous y ſerez ſenſible ? Je ſens que tout mon cœur vous eſt deu. N'avez-vous pas quelque repugnance à me refuſer le vôtre ? Aimable Vertu, me fuiez-vous toujours ? regardez-moi. Vous ne me connoiffez pas. C'eft l'Amour à vos genoux qui vous parle. Effayez de le voir. Il eft foumis: Il ne veut que vous flechir. Je vous aime, je vous le dis ; vous m'entendez ; mais vos yeux ne me raffurent pas. Un regard acheveroit mon bonheur. Un regard : Ah ! quel plaifir, vous me l'accordez. Chere main que j'idolatre, recevez mes tranfports. Voici le plus heureux inftant qui me foit échu en partage.

LA VERTU, *foupirant*.

Ah ! finiffez, Cupidon ; je vous défends de parler davantage.

L'AMOUR.

Quoi ? la Vertu fe laiffe baifer la main ?

LA VERTU.

Il va fi vîte, que je ne la lui ai pas vû prendre.

MERCURE.

Ce fripon-là m'a attendri auffi.

CUPIDON.

Déeffe, pour m'expliquer comme lui ;

vous plaît-il d'écouter encore deux ou trois
petites Périodes de conſequence?

LA VERTU.

Quoy, voulez-vous continuer ? Adieu.

CUPIDON.

Mais vous vous en allez, & ne décidez rien.

LA VERTU.

Je me ſauve, & vais faire mon rapport
à Minerve.

L'AMOUR.

Adieu, Mercure, je vous quitte, & je
vais la ſuivre.

CUPIDON, *riant.*

Allez, allez lui ſervir d'antidote.

SCENE

SCENE XIII.

MERCURE, CUPIDON.

CUPIDON, *riant.*

HA, ha, ha, ha. La Vertu fe laiffoit apprivoifer. Je la tenois deja par la main , toute Vertu qu'elle eft : & fi elle me donnoit encore un quart d'heure d'audience, je vous la garantirois mal nommée.

MERCURE.

Oui ; mais la Vertu eft fage , & vous fuit.

CUPIDON.

La belle reffource !

MERCURE.

Il n'y en a point d'autre avec un fripon comme vous.

CUPIDON.

Qu'eft-ce donc, Seigneur Mercure? Vous me donnez des épithetes ! vous vous familiarifez, petit Commenfal?

C

MERCURE.

Quoi, vous vous fâchez?

CUPIDON.

Oh ! que non. Nous ne pouvons nous
passer l'un de l'autre. Mais qu'en dites-
vous? Le Dieu de la Tendresse n'a pas beaucoup brillé, ce me semble?

MERCURE.

Vous êtes un étourdi. Vous ne l'avez que
trop battu ; & je crains que vous n'ayiez paru trop fort. Comment donc? vous égrati-
gnez en jouant jusqu'à la Vertu même? Oh !
on ne vous choisira pas pour la cérémonie
présente. Vous êtes trop remuant. Vous met-
triez la Ville & la Cour sur un joli ton.
J'entends quelqu'un. Je suis sûr que c'est
Minerve qui va venir vous donner votre
congé. C'est elle-même.

SCENE XIV.

ET DERNIERE.

Tous les Acteurs de la Piece.

MINERVE.

CUPIDON, la Vertu décidoit contre vous ; & moi-même j'allois être de son sentiment, si Jupiter n'avoit pas jugé à propos de vous réunir, en vous corrigeant, pour former le cœur du Prince. Avec votre Confrere, l'ame est trop tendre, il est vrai ; mais avec vous, elle est trop libertine. Il fait souvent des cœurs ridicules ; vous n'en faites que de méprisables. Il égare l'esprit ; mais vous ruinez les mœurs. Il n'a que des défauts, vous n'avez que des vices. Unissez-vous tous deux. Rendez-le plus vif, & plus passionné ; & qu'il vous rende plus tendre & plus raisonnable : & vous serez sans reproche. Au reste, ce n'est pas un conseil que je vous donne ; c'est un ordre de Jupiter que je vous annonce.

C ij

CUPIDON, *embrassant l'Amour.*

Allons, mon Camarade, je le veux bien.
Embrassons-nous. — Je vous apprendrai à
n'être plus si sot ; & vous m'apprendrez à
être plus sage.

FIN.

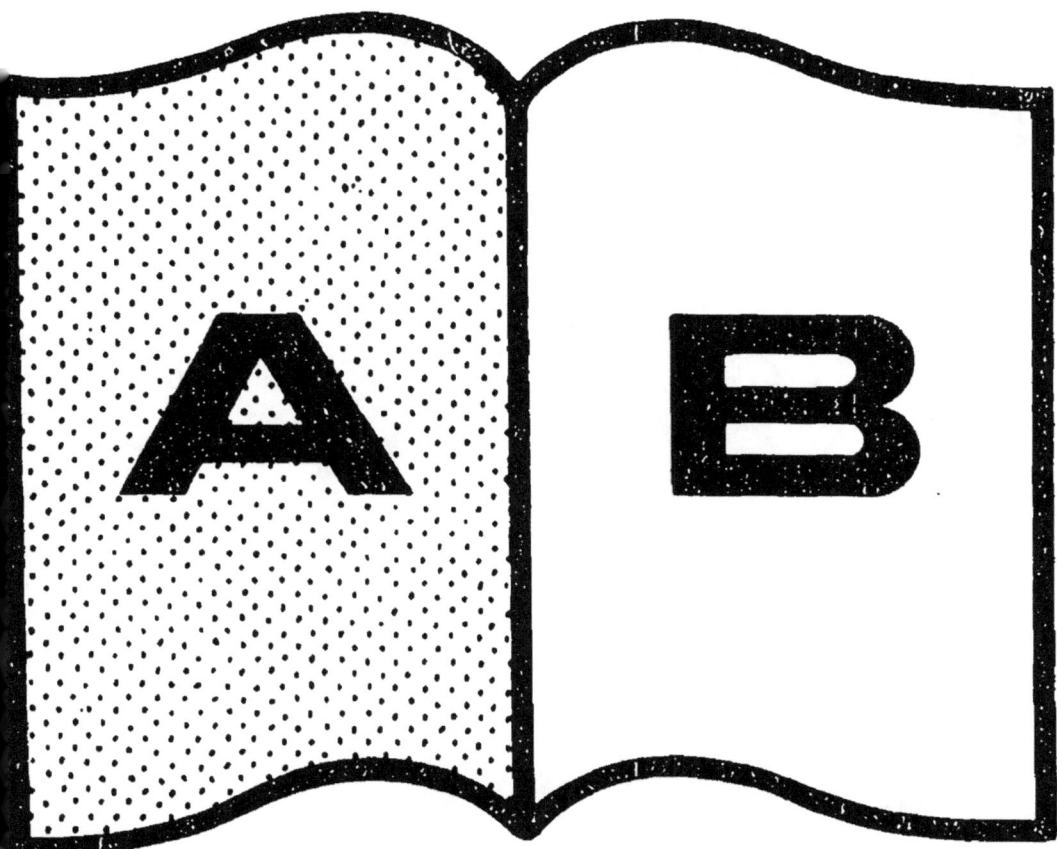

Contraste insuffisant

NF Z 43-120-14

www.ingramcontent.com/pod-product-compliance
Lightning Source LLC
LaVergne TN
LVHW022207080426
835511LV00008B/1616